Kürbis
Die 50 besten Rezepte

Kürbis

Die 50 besten Rezepte

Gesammelt und herausgegeben von
Melanie Koßmann

Capt. Swings
Geheime Bibliothek

Bibliografische Information der Deutschen Nationalbibliothek Die Deutsche Nationalbibliothek verzeichnet diese Publikation in der Deutschen Nationalbibliografie; detaillierte bibliografische Daten sind im Internet über www.dnb.de abrufbar.

© 2022 by Melanie Koßmann
Herstellung und Verlag:
BoD – Books on Demand, Norderstedt
ISBN 9783756822508

Inhalt

Vorwort   8

Vorspeisen   9

Kürbisspalten im Speckmantel   10
Bruschetta mit Speck und Kürbisspaghetti   11
Kürbis mit Ziegenkäse und Feldsalat   14
Kürbis-Chips   16
Indische Kürbis-Spalten   17
Kürbisflan   20
Feldsalat mit Kürbis   22
Kürbisschiffchen mit Camembert und Feigen   23
Taboulé mit Kürbis   25
Brotsalat mit Kürbis und Halloumi   26
Klassische Kürbissuppe   29
Asisatische Kürbissuppe   30
Kürbissuppe mit Walnüssen und Salbei   33
Kürbis-Kaffee-Suppe   35

Hauptspeisen   37

Warmer Erdfrüchtesalat   38
Deftige Kürbis-Quiche   40
Kürbis-Quiche mit Ziegenkäse   42

Kürbisgulasch   44

Gefüllter Kürbis (vegetarisch)   47

Gefüllter Kürbis mit Hackfleisch   49

Gefüllte Aubergine mit Kürbis und Ziegenkäse 51

Gefüllter Kürbis mit Käse und Brotwürfeln   53

Pasta mit Kürbis, Brokkoli und Grünkohl   56

Pasta mit Kürbis, Tomaten und Walnüssen   58

Kürbis-Nudel-Auflauf mit Riccotta   61

Kürbis-Linsen-Eintopf   63

Gnocchi aus Kürbis   65

Gnocchi mit Kürbis und Spinat   68

Kürbisspätzle in Salbeibutter   70

Kürbis-Flammkuchen   72

Thai-Curry mit Kürbis und Tofu   74

Kürbis-Cashew-Curry   77

Spanisches Kürbisrisotto   79

Puchero Canario - ein kanarischer Eintopf   82

Gebackener Kürbis mit Camembert   84

Gespickter Kürbis mit Bacon und Käse   86

Blätterteigrollen mit Kürbis - als Fingerfood 88

Beilagen   **90**

Kürbisgemüse   91

Kürbispüree   93

Kürbis-Wedges 94

Dessert 97

Kürbis-Mousse 98
Türkischer Kürbis-Dessert 99
Kürbis-Cheesecake im Glas 100
Kürbis-Crumble 102
Kürbis-Tiramisu im Glas 104

Kürbisallerlei 107

Kürbislikör 108
Kürbismarmelade 110
Kürbisbrot 111
Kürbismuffins 113
Kürbis-Chutney 114

Vorwort

Als erstes sei gesagt, ich LIEBE Kürbis. Glücklicherweise lebe ich in Teneriffa, dort hat der Kürbis das ganze Jahr Saison. Mit Kürbis kann man fast alles machen. Es gibt unglaublich viele Möglichkeiten ihn in der Küche zu verwenden, sei es als Vorspeise, Beilage, Hauptspeise oder Dessert. Auch Kuchen und Gebäck, Marmelade, Liköre, oder Chutneys gelingen damit hervorragend. Ganz davon abgesehen, ist er im Herbst ein sehr dekoratives Gemüse und natürlich ist es ein absolutes Muss mit Kindern einen Kürbis auszuhöhlen und zu bemalen.

Ich habe in diesem Buch immer eine Kürbissorte bei dem jeweiligen Gericht vorgeschlagen, aber Du kannst natürlich variieren und eine andere wählen. Du kannst mit fast jedem Kürbis jedes Gericht kochen.

Also dann, leg los, ich wünsche dir viel Freude und guten Appetit!

Melanie Koßmann

Vorspeisen

Hokkaido

Kürbisspalten im Speckmantel

Zutaten
für 4 Personen

½ Hokkaido Kürbis
16 Scheiben Frühstücksspeck
4 Knoblauchzehen
1 EL Zitronensaft
1 TL Honig
1 EL Thymianblättchen
1 EL Olivenöl
Pfeffer
Salz

Zubereitung
Den Backofen auf 180Grad vorheizen. Die gewaschene und entkernte Kürbishälfte in 8 Spalten schneiden. Nun jede Spalte mit 2 Scheiben Speck umwickeln. Die mit Speck um-

mantelten Kürbisscheiben auf ein mit Backpapier belegtes Backblech legen. Als nächstes die Knoblauchzehen schälen, etwas quetschen und zum Kürbis legen. Danach mit Zitronensaft, Honig und Olivenöl beträufeln. Zum Schluss mit den abgezupften, gewaschenen Thymianblättchen bestreuen, etwas pfeffern und salzen und für 20-25min in den Backofen schieben. Wenn der Speck goldbraun und knusprig ist, die Spalten aus dem Ofen nehmen und noch heiß servieren.

Spaghettikürbis

Bruschetta mit Speck und Kürbisspaghetti

Zutaten
1 Ciabatta
800g Spaghetti-Kürbis
3 kleine Zwiebeln
125g Speck
100ml Weißwein

200g Creme fraiche
12 Stiele Thymian
Zucker
Pfeffer
Salz
Olivenöl

Zubereitung

Den Kürbis mit einer Gabel mehrfach einstechen und in kochendem Salzwasser 30 Minuten
garen. Die Zwiebeln schälen und in Spalten
schneiden. Den Speck in einer heißen Pfanne
knusprig anbraten und die Zwiebeln dazu geben. 2 Minuten mitbraten und dann mit Weißwein ablöschen. Anschließend 8-10 Minuten
einköcheln lassen. Mit einer Prise Zucker und
etwas Salz und Pfeffer würzen. Kürbis aus
dem Wasser nehmen und mit einem Löffel die
Kerne herausschaben. Nun mittels einer Gabel
die „Spaghetti" aus dem Kürbis herauslösen.
Den Thymian abzupfen und mit den heißen
Kürbisspaghetti und etwas Olivenöl vermischen.
Mit Salz und Pfeffer abschmecken. Die

Bruschetta in einer Pfanne goldbraun anrösten. Die Creme fraiche mit Pfeffer und Salz abschmecken und die knusprigen Ciabattascheiben mit dieser bestreichen. Dann die Kürbisspaghetti sowie die Zwiebel-Speck-Mischung darauf verteilen und mit ein paar Thymianblättchen garnieren.

Hast du Lust auf mehr
Bruschetta-Ideen?
Dann schau mal rein bei
Capt.Swings Geheimer Bibliothek:
DAS KLEINE BRUSCHETTA BUCH!
Dort findest du viele weitere Rezeptideen rund um die knusprigen Brotscheiben.

Muskatkürbis

Kürbis mit Ziegenkäse und Feldsalat

Zutaten
für 4 Personen

600g Muskatkürbis
300g Ziegenfrischkäse
120g Feldsalat
60g Pinienkerne
2 EL Apfelessig
4 EL Olivenöl
25ml Olivenkernöl
1 TL Senf
1 TL Honig
20g Zucker
Salz
Pfeffer

Zubereitung

Den geschälten und entkernten Muskatkürbis in
1cm große Stücke schneiden und in Salzwasser
bissfest garen. Anschließend eine Marinade aus
Apfelessig, Olivenöl, Senf und Honig herstellen
und mit Pfeffer und Salz würzen. Die Kürbiswürfel darin einlegen. Nun den Zucker in einem Topf goldbraun schmelzen und die Kürbiskerne, sowie das Kürbisöl hinzufügen. Den ent-
standenen Krokant anschließend auf einem
Backpapier auskühlen lassen und später in kleine Stücke brechen. Den Ziegenfrischkäse zerkleinern.
Die marinierten Kürbiswürfel nun auf einen
Teller geben, mit dem Ziegenkäse, dem Kürbis-
krokant und dem Feldsalat appetitlich anrichten.

Hokkaido
Kürbis-Chips

Zutaten
für 4 Personen

500g Hokkaido-Kürbis
2 EL Olivenöl
Pfeffer
Salz

Zubereitung
Den Backofen auf 200 Grad vorheizen. Als
erstes den Kürbis waschen halbieren und entkernen. Nun in ganz feine Streifen schneiden,
die Schale darf dran bleiben. Backpapier auf
das Backblech legen und die Kürbisscheiben
darauf ausbreiten. Nach Möglichkeit nicht
übereinander legen, sonst kleben sie später an-
einander fest. Vor dem Backen mit Olivenöl
beidseitig einpinseln. Zum Schluss noch mit
Pfeffer und Salz würzen. Je nach Vorliebe,
kann auch ein anderes Würzmittel wie Chili,

Rosmarin, Thymian oder Oregano verwendet werden. Jetzt können die Kürbis-Chips für 15 min im Ofen backen, bis sie leicht kross sind. Dann auf einem Teller fächerförmig als Vorspeise anrichten.

Blue Kuri

Indische Kürbis-Spalten

Zutaten
für 4 Personen

500g Blue Kuri
½ TL Kurkuma
½ TL Piment
½ TL Pfeffer
½ TL Paprika
1 Prise Kreuzkümmel
1 Prise Nelke
1 Prise Muskatnuss
1 Prise Zimt
25g Mandeln oder Walnüsse

Frischkäse-Dip

400g Frischkäse
6 EL Milch
1 Bio-Zitrone
1-2 EL Sahne-Meerrettich
1-2 Becher Kresse (wer keine Kresse mag
lässt sie weg und nutzt einfach Kräuter-
frischkäse)
Salz
Pfeffer
Chili

Zubereitung

Wahlweise kannst du für dieses Gericht auch
Hokkaido, Butternut oder Muskatkürbisse verwenden.
Den Kürbis halbieren, entkernen und schälen,
dann in 2 cm breiten Spalten schneiden. Die
Gewürze in einem tiefen Teller vermischen.
Die Kürbisspalten mit Olivenöl bestreichen und
in der Gewürzmischung wenden. Die Spalten
nun auf ein mit Backpapier belegtes Backblech

legen und im vorgeheizten Backofen für ca. 15 Minuten backen.

In der Zwischenzeit die Nüsse grob zerkleinern und in einer Pfanne ohne Öl anrösten.

Für den Frischkäse-Dip Zesten von der gewaschenen Bio-Zitrone abziehen und dann die Zitrone halbieren und den Saft einer Hälfte auspressen. Nun den Frischkäse mit der Milch, dem Meerrettich, dem Zitronensaft und den Zesten gut verrühren und die Kresse unterheben. Danach mit Pfeffer, Salz und bei Bedarf noch mit etwas Chili abschmecken.

Wenn die Kürbisspalten gar sind, auf einem Teller fächerförmig anrichten. Dann mit den gerösteten Mandeln oder Walnüssen bestreuen, die den nussigen Geschmack des Kürbis noch unterstreichen.

Dazu den würzigen-frischen Dip reichen.

Butternut

Kürbisflan

Zutaten

für 4 Personen

400g Butternut-Kürbis
Muskatnuss
Cayennepfeffer
1 Zitrone
150ml Sahne
2 Eier

Zubereitung

Den Kürbis halbieren, schälen und die Kerne
entfernen. Das Fruchtfleisch in 2cm große Stücke schneiden und in einem Dampfgarer 20
min weich garen. Dann 4 feuerfeste Förmchen
a 120ml mit Butter einfetten und in den
Kühlschrank stellen.
½ TL Salz und 1 TL Zitronenabrieb mit einer
Prise Muskatnuss sowie 2 Prisen Cayennepfeffer mischen. Zusammen mit dem Kürbis und

der Sahne in ein hohes Gefäß geben und mit dem Handmixer fein pürieren. Nun ein Eigelb sowie ein ganzes Ei hinzufügen und nochmals pürieren.

Dann die Mischung in die gekühlten Förmchen einfüllen und auf ein tiefes Backblech stellen. Nun das Backblech mit heißem Wasser füllen, so dass die Förmchen ca. 2cm tief im Wasser stehen.

Abschließend die Masse im vorgeheizten Backofen bei 130 Grad 45 Minuten backen.

Später die Flans auf einem Küchenrost 10 min auskühlen lassen, dann vorsichtig mit einem Messer aus der Form lösen und auf einen Teller stürzen.

Zum Kürbisflan reiche ich immer ein paar Blätter Feldsalat mit einer leichten Vinaigrette, welches hier auch als dekorative Beilage toll auf dem Teller aussieht. Streue noch ein paar grob gehackte Walnüsse über den Salat und deine Vorspeise ist auch optisch perfekt.

Hokkaido

Feldsalat mit Kürbis

Zutaten
für 4 Personen

200g Hokkaido
1 Zwiebel
160g Feldsalat
3 EL Rotweinessig
2 EL Preiselbeeren
5 EL Sonnenblumenöl
Pfeffer
Salz

Zubereitung
Den Kürbis waschen, halbieren und entkernen.
Dann den Hokkaido in 1,5 cm breite Spalten
schneiden und diese würfeln. Dann die Zwiebel
schälen, halbieren und in Halbringe schneiden.
Danach das Öl in der Pfanne erhitzen und den
Kürbis mit den Zwiebelringen ca. 12 Minuten
darin anbraten. Mit Pfeffer und Salz würzen.

Zwischenzeitlich den Feldsalat putzen und anschließend die Vinaigrette bestehend aus 3 EL Rotweinessig, 3 EL Wasser, 4 EL Sonnenblumenöl, und 2 EL Preiselbeeren verrühren. Mit Salz und Pfeffer abschmecken.

Nun das Feldsalatbett auf einem Teller anrichten, den Kürbis darauf geben und mit der Vinaigrette übergießen. Sofort servieren.

Hokkaido

Kürbisschiffchen mit Camembert und Feigen

Zutaten
für 4 Personen

1 großer Hokkaido
200g Camembert
4 Feigen
4 EL Honig
frischer Rosmarin

Zubereitung

Den Backofen auf 180Grad vorheizen. Danach
den Kürbis halbieren, entkernen, anschließend
vierteln. Nun den Camembert in Stücke schneiden und mit dem Honig mischen. Die Feigen
ebenfalls in Stücke schneiden und zusammen
mit etwas frischem gerebelten Rosmarin unter
den Camembert mischen. Jetzt die Kürbisspalten auf ein mit Backpapier belegtes Backblech
legen, mit der Camembert-Feigen-Masse belegen und anschließend für 45 Minuten im Ofen
garen. Die Kürbisschiffchen rechtzeitig mit
Alufolie abdecken, damit sie nicht zu dunkel
werden.

Butternut

Taboulé mit Kürbis

Zutaten
für 4 Personen

300g Butternut-Kürbis
4 Bund Petersilie
4 EL Sesam
4 Datteln
1 Granatapfel
4 EL Walnussöl
7-8 EL Zitronensaft
½ TL Salz
Pfeffer

Zubereitung
Den Butternutkürbis schälen, entkernen und in
Stücke schneiden. Diese dann zusammen mit
den Datteln und den Petersilienblättchen in
eine Küchenmaschine zum Zerkleinern geben.
Alles auf 5mm Größe klein häckseln. Danach
mit dem Walnussöl, dem Zitronensaft, dem

Salz und dem Sesam mischen. Den Granatapfel öffnen und die Kerne entnehmen. Nun den fertigen Taboulésalat auf Tellern anrichten und mit 4-5EL der Granatapfelkerne dekorieren.

Brotsalat mit Kürbis und Halloumi

Dieser extravagante herbstliche Brotsalat bedarf etwas der Vorbereitung. Aber die Mühe lohnt sich!

Zutaten
für 4 Personen
350g altes Weißbrot oder Ciabatta
350g Halloumi Käse
1 ½ Süßkartoffeln
½ Hokkaido Kürbis
4 rote Zwiebeln
2 Knoblauchzehen
2 Zitronen
15g Dill

2 EL Weißweinessig
4 EL Olivenöl
Pfeffer und Salz

Zubereitung

Den Backofen auf 200Grad Ober/Unterhitze vorheizen und währenddessen den Hokkaido Kürbis waschen und in 2-3cm breite Spalten schneiden. Die Süßkartoffeln schälen und in mundgerechte Stücke würfeln. Die roten Zwiebeln schälen und ebenfalls in Spalten schneiden. Dann das Gemüse auf einem mit Backpapier belegten Backblech anordnen, mit etwas Olivenöl beträufeln und mit Pfeffer und Salz würzen.

Das Gemüse-Dreierlei 15 Minuten im Ofen garen. In der Zwischenzeit das Brot würfeln und den Halloumi-Käse in Scheiben schneiden. Danach die Zitronen waschen und die Schale abreiben, sowie den Saft auspressen. Die Knoblauchzehen pressen und den Dill fein hacken.

Aus dem Zitronensaft, dem Zitronenabrieb, Knoblauch, Dill, dem Essig und Öl einen Dressing herstellen.

Nun das Backblech aus dem Ofen nehmen und die Brotstücke sowie den Halloumi zwischen das Gemüse legen und weitere 10 Minuten zum Rösten in den Ofen geben.

Danach die bunte Mischung in eine Schüssel geben und mit dem Dressing vermischen. Dieser Brotsalat schmeckt lauwarm am Besten!

Hast du Lust auf mehr Ideen mit Brot?
Dann schau mal rein bei
Capt.Swings Geheimer Bibliothek:
Altes Brot!
Dort findest du viele weitere Rezept-ideen.

Hokkaido
Klassische Kürbissuppe

Zutaten
für 4 Personen

1kg Kürbis
1 Zwiebel
2 mehligkochende Karoffeln
1 Knoblauchzehe
1,2 l Gemüsebrühe
½ Bund glatte Petersilie
2 EL Butterschmalz
100ml Sahne
Pfeffer
Salz

Zubereitung
Den Kürbis waschen, halbieren, entkernen und in Stücke schneiden. Dann die Zwiebel, den Knoblauch und die Kartoffeln schälen und würfeln.

Als nächstes das Butterschmalz in einem Topf erhitzen und den Knoblauch mit den Zwiebeln darin kurz anbraten, bis sie glasig sind. Danach den Kürbis und die Kartoffeln hinzufügen und 3 Minuten andünsten, anschließend mit Gemüsebrühe ablöschen und 30 Minuten bei mittlerer Hitze köcheln lassen. Wenn das Gemüse weich ist, mit einem Pürierstab alles fein pürieren und die Sahne hinzufügen. Mit Pfeffer und Salz abschmecken und abschließend mit gehackter Petersilie bestreuen.

Hokkaoido
Asisatische Kürbissuppe

Zutaten
für 3 Personen

18 Garnelen (TK, aufgetaut und geschält)
400g Hokkaido-Kürbis
300g Möhren

Ingwer ca. 3 cm

½ Zwiebel

1 Knoblauchzehe

250ml Kokosmilch

500ml Gemüsebrühe

½ Zitrone

Koriander

Sojasoße

Kürbiskernöl

1 EL Butter

Chiliflocken

Pfeffer

Salz

Zubereitung

Den Hokkaido waschen, halbieren und entkernen. Dann in Stücke schneiden. Die Möhren, die Zwiebel und den Ingwer ebenfalls schälen und kleine Stücke schneiden. Die Butter erhitzen und das Gemüse kurz darin andünsten, mit einer Prise Chili verfeinern. Danach mit Gemüsebrühe ablöschen und 20 min garen lassen, bis alles weich ist. Inzwischen die Garnelen trocken tupfen und in einer Marinade aus Chili, Knoblauch und Zitronensaft einlegen. Nun die Suppe mit einem Pürierstab fein pürieren, die Kokosmilch hinzufügen und anschließend mit der Sojasoße, dem Zitronensaft sowie Pfeffer und Salz abschmecken. Die Garnelen in einer heißen Pfanne 3-4 Minuten braten, zwischendurch wenden. Jetzt die Suppe auf Tellern anrichten, die Garnelen einstreuen, mit etwas Kürbiskernöl beträufeln und mit Korianderblättern und Chiliflocken garnieren.

Muskatkürbis
Kürbissuppe mit Walnüssen und Salbei

Zutaten
für 4 Personen

500g Kürbis
100g Kartoffeln (mehligkochend)
200g Creme fraiche
2 Schalotten
2 Knoblauchzehen
1 kleine Chilischote
1l Gemüsebrühe
4 Scheiben Baguette
1 EL Butter
1 EL Olivenöl
8EL Walnusskerne
1/2 Zitrone
1 Handvoll Salbei
1/2 TL Ras el-Hanout
Pfeffer
Salz

Zubereitung

Den Muskatkürbis vierteln, schälen und entkernen. Anschließend in Würfel schneiden. Dann die Kartoffeln, den Knoblauch und die Schalotten schälen und ebenfalls würfeln. Die Chilischote der Länge nach aufschneiden, entkernen und hacken. Nun etwas Öl in der Pfanne erhitzen und bei mittlerer Hitze die Schalotten, den Knoblauch und die Chili 2 Minuten andünsten. Als nächstes die Kürbisstücke und die Kartoffelwürfel dazugeben und weitere 2 Minuten dünsten. Die Gemüsebrühe hinzufügen und alles bei mittlerer Hitze 15-20 Minuten weich garen. In der Zwischenzeit die Baguettescheiben in Würfel schneiden und die Walnüsse grob hacken. Dann die Butter in einer Pfanne zerlassen und die Bortwürfel 3-4 Minuten kross bräunen, danach die Walnüsse hinzugeben und 1 Minute mit anrösten. Mit Zitronenabrieb, Pfeffer, Salz und Ras el-Hanout würzen. Nun die Suppe mit einem Stabmixer fein pürieren und 150g Creme fraiche hinzufügen.

Mit Zitronensaft, Salz und Pfeffer erneut abschmecken.

Abschließend die Suppe in Teller einfüllen, mit
einem Klecks Creme fraiche anrichten und die
Walnuss-Croutons mit ein paar Blättern Salbei
dekorativ aufstreuen.

Muskatkürbis

Kürbis-Kaffee-Suppe

Zutaten
für 4 Personen
300g Kürbis
100g Karotten
1 Zwiebel
40g Kaffeebohnen
1l Gemüsebrühe
40g Butter
100ml Sahne
2 EL Kürbiskernöl
eine Hand voll Kürbiskerne

Zubereitung

Als erstes den Kürbis schälen, entkernen und in mundgerechte Stücke schneiden. Danach die Möhren schälen und ebenfalls würfeln. Etwas Butter in eine Pfanne geben und schmelzen lassen, dann darin die geschälte und gewürfelte Zwiebel andünsten. Nun die Karotten-und Kürbisstücke hinzufügen und mit dünsten. Jetzt die gemahlenen Kaffeebohnen der Gemüsebrühe hinzufügen und ein paar Minuten ziehen lassen. Dann die Brühe durch ein Sieb abseihen und zum Gemüse geben. Nun die Suppe 15 Minuten köcheln lassen, bis das Gemüse weich ist. Dann mit einem Stabmixer pürieren und nochmals durch ein Sieb abgiessen. Zu letzt noch die Sahne einrühren. Abschließend die Suppe auf Tellern anrichten, etwas Kürbiskernöl darüber träufeln und mit Kürbiskernen bestreut servieren.

Lust auf mehr Kaffee-Ideen?
Schau in Capt. Swings Geheimer Bibliothek:
Kaffee

Hauptspeisen

Muskatkürbis

Warmer Erdfrüchtesalat

Zutaten
für 2 Personen

200g Kürbis
2 rote Zwiebeln
2 Süßkartoffeln
2 rote Beete
1 Apfel
100g Schafskäse
6 Gewürznelken
1 daumengroßes Stück Ingwer
1 Zimtstange
6 Gewürznelken
4 Kardamomkapseln
1 Kurkumaknolle
12 Kapern
1 EL Kürbiskerne
2 EL Olivenöl
2 TL Kürbiskernöl

Zubereitung

Den Backofen auf 180Grad vorheizen. Jetzt den Kürbis schälen und entkernen. Die rote Beete und die Süßkartoffeln waschen. Dann alle drei Zutaten in mundgerechte Stücke schneiden. Nun die Zwiebeln schälen, würfeln und mit dem anderen Gemüse vermengen. Als nächstes die Gewürzmischung zubereiten, indem die Kardamomkapseln und die Kurkumaknolle zerstoßen und mit dem geriebenen Ingwer, den Gewürznelken, 2 TL Olivenöl und der Zimtstange vermischt werden. Die Mischung unter das Gemüse heben und gut verrühren. Alles auf ein mit Backpapier belegtes Backblech geben und bei 180 Grad 25 Minuten garen. In der Zwischenzeit einen Apfel in kleine Stücke schneiden und den Fetakäse würfeln. Wenn das Ofengemüse gar ist, die Kapern und die Apfelstücke unterrühren und anschließend auf Tellern anrichten. Mit Fetakäse betreuen und mit ein paar Tropfen Olivenöl und Kürbiskernöl beträufeln. Zum Schluss noch einige Kürbiskerne darüber streuen und lauwarm servieren.

Butternut
Deftige Kürbis-Quiche

Zutaten
für 4 Personen

800g-1000g Butternut-Kürbis
200g Mehl
100g Butter
200g Schmand
120g Sahne
2 Eier
150g Emmentaler
150g Schinken
1 Zwiebel
1 Prise Salz

Zubereitung
Zuerst das Mehl mit Wasser, Butter und Salz
zu einem glatten Teig verarbeiten und für 30
min in den Kühlschrank legen. In der Zwischenzeit eine Zwiebel schälen und fein würfeln.
Dann den Kürbis ebenfalls schälen, entkernen

und in kleine Würfel schneiden. Nun die Zwiebeln und den Kürbis zusammen in einer Pfanne anschwitzen. Den Schinken würfeln, dazu geben und die Pfanne vom Herd nehmen. Als nächstes den Schmand mit der Sahne, den Eiern und dem Käse verrühren und kräftig mit Salz, Pfeffer und Muskatnuss würzen. Die Kürbismasse unter die Sahnemischung heben. Nun den Teig aus dem Kühlschrank nehmen und ausrollen. Eine Quicheform oder eine Kuchen-Springform einfetten, den Teig hineinlegen und einen 3 cm hohen Rand formen. Anschließend die Gemüse-Sahne-Masse auf den Teig giessen und die Quiche in vorgeheizten Backofen bei 200 Grad ca. 45 Minuten backen.

Hokkaido

Kürbis-Quiche mit Ziegen-käse

Zutaten
für 4 Personen

1 Hokkaido Kürbis

250g Mehl

125g Butter

100g Schmand

100g Ziegenkäse

4 Eier

5 Schalotten

80g Kürbiskerne

1/2 Bund Rosmarin frisch

Sesamöl

Salz

Honig

Zubereitung

Den Backofen auf 200 Grad vorheizen. Das Mehl mit der Butter, einer Prise Salz und einem Ei zu einem glatten Teig verkneten und für 30 min im Kühlschrank lagern. Dann den Kürbis waschen, halbieren, entkernen und in dünne Spalten schneiden. Die Schalotten schälen, vierteln und mit den Kürbisspalten auf einem mit Backpapier ausgelegten Backblech verteilen. Nun mit etwas Sesamöl beträufeln und für 7-8 Minuten in den Backofen schieben. Währenddessen die Kürbiskerne in einer Pfanne ohne Öl ein wenig anrösten. Den Schmand mit den Eiern verrühren, mit Salz würzen und etwas gehackten Rosmarin dazu geben. Nun den gekühlten Teig ausrollen und in eine gefettete Springform legen, einen 3-4 cm hohen Rand formen. Dann den Boden mit einer Gabel mehrfach einstechen und für 10 min im Ofen vorbacken. Danach aus dem Backofen nehmen und die Eier-Schmand-Creme einfüllen. Nun die Kürbisspalten und die Schalotten darauf verteilen. Anschließend die Quiche für weitere 35

Minuten in den Ofen geben. 10 Minuten vor Garende, den Ziegenkäse über den Kuchen streuen. Wenn die Quiche fertig ist, mit den restlichen Rosmarinnadeln, den Kürbiskernen und dem Honig hübsch anrichten.

Riesenkürbis

Kürbisgulasch

Zutaten
für 6 Personen

1kg Riesenkürbis
600g Schweinegulasch
1 Tomate
1 große Zwiebel
1,5l Gemüsebrühe
250ml saure Sahne
2 EL Essig
40g Mehl
50g Schmalz
1 EL Tomatenmark

1 EL Paprikapulver (edelsüß)
1 Prise Chilipulver
1 Prise Kümmel
1 Prise Pfeffer
1 Prise Salz

Zubereitung

Dieses Gericht schmeckt säuerlich-pikant. Du kannst den Essig einfach weglassen, wenn du das Saure nicht so magst. Als erstes die Zwiebel schälen und fein würfeln. Dann in einem großen Topf mit heißem Öl glasig dünsten. Nun die kleinen Gulaschstücke dazu geben und in Schmalz anbraten. Inzwischen die Tomate in Würfel schneiden und dann zum Gulasch geben. Nun 1/2 EL Paprikapulver, 1 EL Essig, das Tomatenmark und die restlichen Gewürze einrühren. Mit ein wenig Brühe angiessen und 50 Minuten auf kleiner Flamme köcheln lassen. Sollte die Flüssigkeit verkocht sein, etwas Brühe nachgießen. Währenddessen den Kürbis schälen, halbieren, entkernen und in kleine Würfel schneiden. Die Kürbiswürfel nun dem Gulasch hinzufügen, den restlichen Essig, und das Paprikapulver dazu geben und nochmals mit der übrigen Brühe angießen. Weitere 20-25 Minuten schmoren lassen, bis alles weich gegart ist. Nun das Mehl in die sauere Sahne einrühren und dann dem Kürbisgulasch hinzufügen. Wiederum gut einrühren und einköcheln lassen. Jetzt nochmals mit Pfeffer, Salz, Paprika, Chili und Kümmel abschmecken.

Tip: Wenn du dieses Gericht für Gäste zubereiten möchtest, kannst du das Gulasch in ausgehöhlten Hokkaido Kürbissen servieren.
Deren Fruchtfleisch kannst du dann anderweitig verarbeiten.

Butternut

Gefüllter Kürbis (vegetarisch)

Zutaten
für 4 Personen

2 Butternut Kürbisse
400g Creme fraiche
200g geriebener Käse
Gemüsebrühe
4 Frühlingszwiebeln
Kräuter nach Wunsch
2 Knoblauchzehen
Olivenöl
Pfeffer
Salz

Zubereitung
Den Backofen auf 180 Grad vorheizen. 2 TL der Gemüsebrühe mit etwas Olivenöl vermischen. Die Kürbisse halbieren, die Kerne ent-

fernen und mit dem gewürzten Olivenöl bestreichen. Nochmals kräftig mit Salz und Pfeffer würzen und ca. 20 Minuten im Ofen garen. Unterdessen die Frühlingszwiebeln in feine Ringe schneiden und die Knoblauchzehen auspressen. Dann beides in die Creme fraiche einrühren. Die ausgewählten Kräuter, wie z.B. Thymian, Oregano, Rosmarin oder Basilikum fein hacken und ebenfalls untermischen. Dann die Kürbishälften aus dem Ofen nehmen und in die Mitte eine 1,5 Zentimeter tiefe Aushöhlung schaben. Das entnommene weiche Kürbisfleisch unter die Creme fraiche Masse mischen und diese in die Mitte der Kürbishälften zurückfüllen. Dann den Reibekäse über die Butternuts streuen und für weitere 20 Minuten im Ofen backen. Wenn das Kürbisfleisch weich und der Überbackkäse goldbraun ist, ist das Gericht fertig.

Bischofsmütze

Gefüllter Kürbis mit Hackfleisch

Zutaten
für 4 Personen

4 kleine Bischofsmützen
400g Hackfleisch
2 EL Tomatenmark
2 Knoblauchzehen
1 Zwiebel
1 Stange Lauch
100g Creme fraiche
100ml Sahne
100g geriebener Käse (Emmentaler, Gouda)
2 EL Öl
Salz
Pfeffer
Chiliflocken

Zubereitung

Den Backofen auf 180 Grad vorheizen. Einen Deckel von den kleinen Kürbissen abschneiden und entkernen. Dann etwas Fruchtfleisch herausschaben, damit eine Mulde entsteht und die Kürbisse für 15 Minuten mit aufgesetztem Deckel in den Ofen schieben. Das entnommene Fruchtfleisch würfeln. Die Lauchstange in Ringe schneiden. Nun den Knoblauch und die Zwiebel schälen und fein würfeln. Jetzt etwas Öl in einer Pfanne erhitzen und Zwiebeln, Lauch und Knoblauch darin anbraten. Dann das Hackfleisch und die Kürbiswürfel hinzufügen und mitbraten. Anschließend Creme fraiche, Sahne und Tomatenmark unterrühren und mit Pfeffer, Salz und Chiliflocken abschmecken. Dann die Kürbisse aus dem Ofen nehmen und die Hackmasse einfüllen. Mit Reibekäse bestreuen und den Deckel wieder aufsetzen. Abschließend die Bischofsmützen nochmals für ca. 30 Minuten zum Garen in den Ofen schieben. Das Gericht ist fertig, wenn das Kürbisfleisch weich ist.

Muskatkürbis

Gefüllte Aubergine mit Kürbis und Ziegenkäse

Zutaten

für 4 Personen

4 große Auberginen (a 300g)

650g Kürbis

4 Tomaten

2 Zwiebeln

6 Knoblauchzehen

1 Bund Petersilie

6 EL Sesamöl

4 EL Olivenöl

8 EL Ziegenfrischkäse

2 TL Kreuzkümmel

2 Msp. edelsüsses Paprikapulver

10 gehäufte EL geriebener Parmesan

Pfeffer

Salz

Zubereitung

Zunächst den Backofen auf 200 Ober-Unterhitze vorheizen. Die Auberginen waschen, längs
halbieren und das Fruchtfleisch rautenförmig
anritzen. Dann das Gemüse auf ein mit Backpapier belegtes Backblech legen und mit dem
Olivenöl bepinseln. Anschließend für 30 Minuten im Ofen garen. Währenddessen den Kürbis
schälen, halbieren, entkernen und in kleine
Würfel schneiden. Danach die Zwiebeln und den
Knoblauch schälen und ebenfalls fein würfeln.
Dann die Tomaten waschen, die Stielansätze
entfernen und in Würfel schneiden. Nun das
Sesamöl in einer Pfanne erhitzen und bei mittlerer Hitze das Gemüse 15 Minuten garen bis
es bissfest ist. Danach vom Herd nehmen.
Jetzt die Petersilie waschen, trocken schütteln
und fein hacken. Nun die Auberginen aus dem
Ofen nehmen und das Fruchtfleisch vorsichtig
mit einem Löffel aus der Schale heben. Die
Schale sollte dabei nicht verletzt werden. Anschließend das Auberginenfruchtfleisch, mit
der Petersilie, dem Ziegenkäse, dem gebratenen

Gemüse mischen. Dann mit Kreuzkümmel, Paprika, Salz und Pfeffer würzen und in die Schale der Aubergine einfüllen. Die Aubergine wieder auf das Backblech legen, mit dem Parmesan bestreuen und für weitere 5-10 Minuten überbacken.

Hokkaido

Gefüllter Kürbis mit Käse und Brotwürfeln

(für gesellige Stunden)

Zutaten
für 4 Personen

1 großer Hokkaido-Kürbis
120g Baguette
160g Bergkäse
400ml Sahne
150ml Gemüsebrühe

3 Knoblauchzehen
2 EL Thymianblättchen
1 TL Szechuanpfeffer
Salz
Pfeffer

Zubereitung

Zunächst den Ofen auf 200Grad vorheizen.
Dann von dem Kürbis einen Deckel abschneiden
und weglegen für später. Nun den Kürbis entkernen und das Baguette in kleine Würfel
schneiden. Anschließend die Brotwürfel in einer Pfanne ohne Fett knusprig anrösten. Den
Knoblauch schälen und mit der Sahne und der
Gemüsebrühe in einem Topf aufkochen. Die
Sahne mit 1 EL Thymian, sowie Salz und Pfeffer würzen und 5-6 Minuten bei geringer Hitze köcheln lassen. In der Zwischenzeit den Käse
raspeln. Dann den Kürbis abwechselnd mit einer
Schicht Brotstücken und Käseraspeln füllen.
Nun die Sahnemixtur darüber gießen und nochmals mit Szechuanpfeffer würzen. Dann den
zuvor entfernten Deckel wieder aufsetzen und

den Kürbis in eine Auflaufform stellen und ca. 40 Minuten backen. Danach den Kürbisdeckel entfernen und weitere 10-15 Minuten garen. Wenn der Kürbis weich ist, herausnehmen und mit Thymian betreuen und in geselliger Runde auf der Tischmitte zum Auslöffeln mit Chiabatta servieren. Zum Schluss den Kürbis portionieren und den Gästen reichen.

Butternut

Pasta mit Kürbis, Brokkoli und Grünkohl

Zutaten
für 4 Personen

400g Butternut
400g Brokkoli
150g Grünkohl (TK, aufgetaut)
350g Vollkorn-Spiralnudeln
Abrieb von 1/2 Zitrone
1 Zwiebel
1-2 Knoblauchzehen
130g Frischkäse
4 Stiele Salbei
4 Stiele Kerbel
3 EL Olivenöl
Chiliflocken
Pfeffer
Salz

Zubereitung

Den Brokkoli waschen, putzen und in kleine Röschen schneiden. Den Butternut-Kürbis halbieren, entkernen, schälen und in Würfel schneiden. Die Zwiebel und den Knoblauch schälen und in kleine Würfel schneiden. Den Salbei und den Kerbel waschen und trocken schütteln. Den Salbei fein hacken und den Kerbel abzupfen und verwahren.

Jetzt die Nudeln nach Packungsanleitung in Salzwasser bissfest garen, danach abgießen. Währenddessen das Öl in einer Pfanne erhitzen und die Zwiebeln bei mittlerer Hitze 2 Minuten andünsten. Nun den Brokkoli, den Kürbis und den Knoblauch hinzu geben und 5 Minuten zusammen garen. Dann den Grünkohl, den Zitronenabrieb und den Salbei dazu geben und 3-4 Minuten gemeinsam dünsten. Nun den Frischkäse mit 100ml Wasser unter das Gemüse rühren und aufkochen lassen. Anschließend mit Chiliflocken, Pfeffer und Salz würzen. Die Nudeln mit dem Gemüse vermischen und auf Tellern anrichten. Den Kerbel über die Nudeln streuen und heiß servieren.

Hokkaido

Pasta mit Kürbis, Tomaten und Walnüssen

Zutaten
für 4 Personen

1000g Hokkaido

400g Spaghetti

150g getrocknete Tomate in Öl

100g Walnüsse

2 Knoblauchzehen

2 EL Tomatenmark

1 Bund Petersilie

1 Chilischote

80g Parmesan (gerieben)

5 EL Olivenöl

Pfeffer

Salz

Zubereitung

Zunächst den Backofen auf 180 Grad vorheizen. Den Hokkaido waschen, halbieren, entkernen und in mundgerechte Stücke schneiden. Die Stücke in einer Schüssel mit 2 EL Olivenöl vermischen und mit Salz und Pfeffer würzen. Dann die Kürbiswürfel auf ein mit Backpapier belegtes Backblech legen und für 20 Minuten in den Ofen geben. Die Tomaten in Öl etwas abtropfen lassen und würfeln. Anschließend die Chilischote längs halbieren, entkernen und fein hacken. Die Knoblauchzehen schälen und ebenfalls hacken. Jetzt die Walnüsse und die gewaschene Petersilie zerkleinern. Als nächstes die Spaghetti nach Packungsanleitung in reichlich Salzwasser bissfest garen. In der Zwischenzeit 3 EL Olivenöl in einer großen tiefen Pfanne erhitzen und die Chili und den Knoblauch, sowie die getrockneten Tomaten in Öl darin für 3 Minuten bei mittlerer Hitze anschwitzen. Jetzt das Tomatenmark hinzufügen, kurz mit anschwitzen. Nun die fertigen, noch nassen Nudeln mit einer Spaghettizange direkt aus dem kochenden Wasser in die Pfanne zu den übrigen Zutaten geben. Anschließend die Kürbisstücke, die Petersilie, den Parmesan und die Walnüsse hinzufügen. Jetzt alles miteinander vermengen und bei Bedarf nochmals mit Pfeffer und Salz würzen.

Hokkaido
Kürbis-Nudel-Auflauf mit Riccotta

Zutaten
für 4 Personen

400g Kürbis

300 Muschel-Nudeln

130g Riccotta-Käse

10g Basilikum

3 Knoblauchzehen

3 Schalotten

60g geriebener Parmesan

600 Gemüsebrühe

1TL Curry

Öl

Salz

Pfeffer

Zubereitung
Als erstes den Kürbis waschen, halbieren, entkernen und in mundgerechte Stücke schneiden.

Dann die Schalotten und den Knoblauch schälen und fein hacken. Nun etwas Öl in eine Pfanne geben und bei mittlerer Hitze den und Knoblauch und die Schalotten darin glasig dünsten. Als nächstes den Kürbis hinzufügen und kurz anbraten. Jetzt mit Currypulver, Salz und Pfeffer würzen. Dann mit der Gemüsebrühe aufgießen und zum kochen bringen, anschließend bei mittlerer Hitze weiter garen. Nun kannst du die Nudeln nach Packungsanleitung zubereiten und den Backofen auf 200Grad vorheizen. Der Kürbis sollte noch bissfest sein, wenn du den Ricotta und die zerkleinerten Basilikumblättchen unterrührst. Lass alles bei mittlerer Hitze weiter köcheln, bis die Nudeln gar sind. Dann die Pasta mit dem Ricotta-Gemüse vermischen. Als nächstes die Nudelmischung in eine gefettete Auflaufform geben und mit dem Parmesan und Basilikumblättern bestreuen. Gib den Auflauf nochmal für 10 Minuten in den Ofen, damit der Käse bräunen kann.

Hokkaido
Kürbis-Linsen-Eintopf

Zutaten
für 4 Personen
1 Hokkaido-Kürbis
650ml Gemüsebrühe
250g Basmati-Reis
2 Speisezwiebeln
240g grüne Linsen
300g weiße Bohnen
600g Tomaten, gestückelt
1 Limette
2 Knoblauchzehen
20g geröstete Erdnüsse
2 Chilischoten
4 EL Erdnussbutter
4 TL Kreuzkümmel
2 EL Kokosöl
30g Petersilie
Salz
Pfeffer

Zubereitung

Den Kürbis waschen, halbieren, entkernen und in Stücke schneiden. Dann die Zwiebel schälen und würfeln, den geschälten Knoblauch hacken. Als nächstes die Chilischote längs aufschneiden, die Kerne entfernen und fein hacken. Dann den Reis nach Packungsanleitung zubereiten. Danach das Kokosöl in einem Topf erhitzen und den Knoblauch, die Zwiebeln und die Chili 2 Minuten anbraten. Nun die Kürbiswürfel und die Linsen dazugeben und 2 Minuten anbraten. Anschließend mit Kreuzkümmel, Salz und Pfeffer würzen. Jetzt mit der Gemüsebrühe angießen und 10 Minuten köcheln lassen. Zwischenzeitlich die Petersilie waschen, trocknen und hacken, sowie die Bohnen abspülen und abtropfen lassen. Anschließend die Erdnüsse klein hacken. Nun die gestückelten Tomaten, die Erdnussbutter und die Bohnen hinzufügen und weiter 5-8 Minuten köcheln lassen, bis die Linsen gar sind. Dann den Eintopf auf Tellern anrichten und mit den Erdnüssen, einer Limettenspalte und der Petersilie garnieren.

Hokkaoido
Gnocchi aus Kürbis

Zutaten
für 4 Personen
600g Hokkaido
400g Kartoffeln
260g Mehl
1TL Salz
1Prise Muskatnuss
200g Spinat
40g Parmesan
Pinienkerne zur Dekoration

Zubereitung
Den Hokkaido waschen, halbieren und mit der Schnittfläche nach unten auf ein mit Öl bepinseltes Backpapier eines Backblechs legen. Dann im vorgeheizten Backofen bei 200Grad 60min garen. Wenn der Kürbis weich ist, aus dem Ofen nehmen und mit einer Gabel zerdrücken oder pürieren und abkühlen lassen. Dann die Kartoffeln mit Schale in Salzwasser 30 Minu-

ten gar kochen. Danach die Kartoffeln pellen und mit einer Gabel oder einem Stampfer zerdrücken. Jetzt die Kartoffeln und den Kürbis in einer Schüssel geben und mit Salz und Muskatnuss würzen. Alles mit einem Teigschaber oder Holzlöffel miteinander verrühren, um dann behutsam einen griffigen Teig zu kneten. Ist die Masse zu feucht, kann ein klein wenig Mehl hinzugegeben werden. Nicht zu viel kneten, sonst wird der Teig zäh. Dann den Kartoffel-Kürbis-Teig in 5 Stücke zerteilen und diese zu Würsten ausrollen. Mit einem Messer ca. 1,5 cm grosse Gnocchi aus den Würsten schneiden und mit etwas Mehl bestäuben. Jetzt kann dem Gnocchi optisch etwas mehr Struktur verliehen werden, indem man mit den Zinken einer Gabel Rillen in den Gnocchi presst. Dies dient auch zur besseren Aufnahme von Sosse. Nun in einem Topf Salzwasser zum kochen bringen und die Gnocchi hineingeben. Wenn sie nach ca. 4 Minuten fertig sind, steigen sie an die Wasseroberfläche auf. Mit einer Schaumkelle vorsichtig abschöpfen und abtropfen lassen.

Etwas Butter bei mittlerer Hitze in einer Pfanne erhitzen und die Gnocchi darin knusprig von allen Seiten anbraten. Nun noch den frischen Spinat hinzugeben und eine weitere Minute garen, bis dieser zusammengefallen ist. Dann die Kürbis-Gnocchi mit Spinat auf einem Teller anrichten und mit Parmesan und Pinienkernen bestreut servieren.

Butternut
Gnocchi mit Kürbis und Spinat

Zutaten
für 4 Personen

500g Gnocci

1 Butternut

120g Blattspinat

20 Salbeiblätter

120g Mascarpone

40g Parmesan (gerieben)

2 Knoblauchzehen

8 EL Olivenöl

2 EL Butter

Salz

Pfeffer

2 TL Chiliflocken

Zubereitung

Als erstes den Backofen auf 200 Grad vorheizen, dann den Kürbis schälen, halbieren und entkernen. Danach in kleine Würfel schneiden und auf ein mit Backpapier belegtes Backblech legen und mit Olivenöl beträufeln. Anschließend mit Chiliflocken, Pfeffer und Salz würzen und für 20 Minuten in den Ofen geben. Währenddessen die Gnocci nach Packungsanleitung in Salzwasser garen. Beim Abschütten etwas des Kochwassers aufbewahren. Als nächstes wird der Knoblauch geschält und klein gehackt. Nun lässt du die Butter in einer Pfanne zergehen und gibst die Gnocci dazu. Lass sie 3 Minuten braten und füge dann den Knoblauch hinzu. Lass beides zusammen weitere 3 Minuten knusprig braten. Dann wasche den Spinat und den Salbei und schüttele ihn trocken. Brate die Salbeiblätter in 4 EL Olivenöl in einer Pfanne knusprig und lasse sie anschließend auf einem Küchentuch abtropfen.
Füge nun den Mascarpone und ein wenig des Kochwassers zu den Gnocci und vermenge alles

gut. Schmecke nochmals mit Salz und Pfeffer ab. Füge nun den Spinat und 2/3 des Kürbis hinzu und vermische alles, bis der Spinat einfallen ist. Richte nun die Gnocci auf einem Teller an und streue die restlichen Kürbisstücke, den krossen Salbei und Parmesan darüber.

Hokkaido

Kürbisspätzle in Salbeibutter

Zutaten
für 4 Personen

250g Hokkaido-Kürbis
4 Eier
200g Weizenmehl
200g Dinkelmehl
1/2 Bund Salbei
3 EL Süßrahmbutter
40g Parmesan

Muskatnuss
Pfeffer
Salz

Zubereitung

Zunächst den Kürbis waschen, halbieren, entkernen und in Würfel zerkleinern. Dann die Kürbisstücke in einem Topf mit kochendem Wasser 20 Minuten garen, bis sie weich sind. Danach den Kürbis abgießen und wenn er abgekühlt ist, mit einem Stabmixer pürieren.
Das Kürbispüree nun mit dem Mehl und den Eiern verkneten. Mit Pfeffer, Salz und Muskatnuss würzen. Dann den Teig 20 Minuten ruhen lassen.
In der Zwischenzeit Salzwasser in einem großen Topf zum Kochen bringen. Im Anschluß den fertigen Teig durch eine Spätzlepresse in das kochende Wasser drücken. Wenn die Spätzle an die Wasseroberfläche hoch kommen, mit einer Schaumkelle abschöpfen und abtropfen lassen.

Als nächstes den Salbei waschen und trocken schütteln. Die Blätter mit der Süßrahmbutter in einer Pfanne erhitzen. Dann die Spätzle hinzufügen und in der Salbeibutter anbraten. Nochmals mit Pfeffer und Salz geschmacklich verfeinern. Dann die Kürbisspätzle auf Tellern anrichten, mit frisch geriebenem Parmesan bestreuen und heiß servieren.

Hokkaido
Kürbis-Flammkuchen

Zutaten
für 4 Personen

200g Hokkaido-Kürbis
400g Weizenmehl
100g Ziegenfrischkäse
1 rote Zwiebel
1 Apfel
10ml Milch
2 TL Kürbiskerne

1 Bund Petersilie
2 EL Olivenöl
Pfeffer
2 TL Salz

Zubereitung

Zuerst den Backofen auf 200Grad Ober-Unterhitze vorheizen. Dann aus dem Weizenmehl, 2 TL Salz, 2 EL Olivenöl und 240ml Wasser einen glatten Teig kneten und einen Laib daraus formen. Danach den Kürbis, halbieren, entkernen und in feine Spalten schneiden. Jetzt den Apfel waschen, halbieren und entkernen und die Zwiebel schälen. Beides ebenfalls in feine Streifen schneiden. Nun den Ziegenkäse in eine kleine Schüssel geben und mit etwas Milch glatt rühren, dann Petersilie hacken. Nun etwas Mehl auf eine Arbeitsfläche streuen, damit sich der Teig mittels Nudelholz besser ausrollen lässt. Forme ein ovales Teigstück und lege dieses auf ein mit Backpapier belegtes Backblech. Als nächstes den Teigfladen mit der Ziegenkäsecreme bestreichen. Dann mit den

Zwiebeln, dem Kürbis und dem Apfel dünn belegen und mit Pfeffer und Salz würzen. Abschließend noch die Kürbiskerne darüber streuen und für 10 Minuten im Ofen goldbraun backen. Wenn der Rand des Flammkuchens sich braun färbt, ist er gar. Dann aus dem Ofen nehmen, mit Petersilie bestreuen und heiß servieren.

Hokkaido

Thai-Curry mit Kürbis und Tofu

Zutaten
für 4 Personen

1,2kg Hokkaido Kürbis
200g Basmati Reis
2 Zwiebeln
4 Knoblauchzehen
10g Koriander

20g Ingwer
400ml Kokosmilch
6 EL gelbe Currypaste
350g Räuchertofu
20g Erdnüsse
2 EL Kokosöl
2 EL Erdnussbutter
700ml Gemüsebrühe
Salz
Pfeffer

Zubereitung

Zuerst den Reis nach Packungsanleitung zubereiten. Währenddessen die Zwiebeln schälen und in kleine Würfel schneiden. Dann den Knoblauch schälen und in feine Scheiben schneiden. Anschließend den Ingwer schälen und reiben. Nun das Kokosöl in der Pfanne erhitzen und die Currypaste 3 Minuten darin anrösten. Jetzt den Ingwer und den Knoblauch hinzufügen und weitere 2 Minuten garen. Als nächstes den Kürbis waschen, halbieren, entkernen und würfeln. Dann den Tofu ebenfalls würfeln.

Jetzt die Kürbisstücke und die Zwiebeln zur Currypaste dazu geben und vermischen. 5 Minuten braten lassen und anschließend mit Salz und Pfeffer abschmecken. Als nächstes die Gemüsebrühe, die Kokosmilch und die Erdnussbutter, sowie den Tofu dazu geben. Alles aufkochen und dann auf kleinerer Temperatur 20 Minuten köcheln lassen. In der Zwischenzeit den Koriander waschen, trocken schütteln und hacken. Danach die Erdnüsse ohne Öl in einer kleinen Pfanne anrösten. Wenn der Kürbis weich ist, den Reis auf einem Teller anrichten und das Curry darauf geben. Mit ein paar Korianderblättern als Garnierung servieren.

Hokkaido
Kürbis-Cashew-Curry

Zutaten

für 4 Personen

1 Hokkaido-Kürbis

250g Basmati-Reis

400g gestückelte Tomaten

1 Limette

15g Ingwer

2 Knoblauchzehen

1 EL Tomatenmark

400ml Kokosmilch

2 EL Kokosöl

25g Macadamias

25g Kübiskerne

50g ungesalzene Cashews

1 TL Kardamom

1 TL Curry

1 TL Chilipulver

Pfeffer

Salz

40ml Wasser

Zubereitung

Als erstes den Kürbis waschen, halbieren, entkernen und in mundgerechte Stücke schneiden. Dann 1 EL Kokosöl in der Pfanne erhitzen und die Kürbiswürfel 5 Minuten darin anbraten. Zwischenzeitlich den Reis nach Packungsanleitung kochen. Nun die Cashews in eine Schüssel geben, das Wasser hinzufügen und solange mixen, bis eine cremige Paste entstanden ist. Jetzt den Knoblauch schälen und in feine Scheiben schneiden. Den Ingwer ebenfalls schälen und reiben. Anschließend 1 EL Kokosöl in einem Topf erhitzen und Chili, Curry und Kardamom darin 1 Minute lang anbraten. Dann den Knoblauch und den Ingwer dazugeben und weiter 2 Minuten anrösten. Danach das Tomatenmark, die Kokosmilch und die gestückelten Tomaten hinzufügen und alles gut mischen. Nochmals mit Salz und Pfeffer abschmecken. Jetzt die Cashewpaste dazu geben und gut verrühren. Danach die Kürbiswürfel beimischen und weitere 10-12 Minuten köcheln lassen. Währenddessen die Kürbiskerne in einer

Pfanne ohne Öl anrösten. Danach die Macadamias und die Kürbiskerne grob hacken. Nun den Reis auf einem Teller anrichten und das Kürbis-Curry hinzufügen. Mit den Macadamias, sowie den Kürbiskernen garnieren und mit einer Limettenspalte servieren.

Hokkaido
Spanisches Kürbisrisotto

Zutaten
für 4 Personen

1 kleiner Hokkaido Kürbis
300g Risotto Reis
100g Serrano Schinken
200ml Weißwein
1,7l Gemüsebrühe
2 Schalotten
2 Knoblauchzehen
100g Cashews
60g Butter

8 Thymianzweige
2 TL Kürbiskernöl
4 EL Olivenöl
70g Parmesan
Muskatnuss
Pfeffer
Salz

Zubereitung

Als erstes den Backofen auf 200Grad Ober/
Unterhitze vorheizen. Dann den Kürbis waschen, halbieren, entkernen und in mundgerechte Stücke schneiden. Danach ein Backblech mit
Backpapier auslegen und die Gemüsewürfel
und zusammen mit dem Serranoschinken und
den Cashews darauf verteilen. Den Kürbis mit
2 EL Olivenöl beträufeln und dann alles für 10
Minuten im Ofen backen. In der Zwischenzeit
die Schalotten und den Knoblauch schälen. Die
Schalotte würfeln und den Knoblauch hacken.
Anschließend 2 EL Olivenöl in eine Pfanne geben
und die Schalotten und den Knoblauch kurz anbraten. Nun den Reis hinzufügen und 3 Minuten

mitdünsten. Jetzt mit Weißwein ablöschen und einkochen lassen. Ist der Weißwein verkocht, kann nach und nach die Gemüsebrühe dazugeben werden. 15 Minuten köcheln lassen, bis das Risotto eine cremige Konsistenz erhalten hat. Währenddessen den Thymian waschen, trocken schütteln und klein hacken. Danach den Kürbis und den Thymian zu dem Reis geben und weitere 5 Minuten köcheln lassen. Dann mit Muskatnuss, Salz und Pfeffer abschmecken. Anschließend den Parmesan reiben. Nun die Butter und den Parmesan unterrühren. Jetzt das Risotto auf Tellern anrichten, die krossen Serrano Scheiben darüber bröseln, mit Cashews bestreuen. Nun noch etwas Kürbiskernöl darüber träufeln und dann servieren.

Butternut

Puchero Canario – ein kanarischer Eintopf

Zutaten
für 4 Personen

200g Kürbis

350g Kichererbsen

1kg Rindfleisch

1 Hühnerschenkel

1 Rinderknochen

130g Speck

120 Chorizo

250g Kohl

150g grüne Bohnen

2 Süsskartoffeln

2 kleine Zucchini

6 Kartoffeln

2 Karotten

2 Knoblauchzehen

2 Tomaten

1 Zwiebel

3l Wasser
2 El Olivenöl
1 EL Paprika
4-5 Safranfäden
1 TL schwarzer Pfeffer
Salz

Zubereitung

Die Kichererbsen am Tag zuvor in Wasser ein-
weichen. Den Kohl, die Zucchini, die Tomaten
und den Kürbis in Stückchen schneiden. Die
Möhren schälen. Dann einen großen Topf mit 3
Liter Wasser zum kochen bringen. Nun die Ki-
chererbsen und das Fleisch, die Knochen, die
Tomate und die Zwiebel dazu geben und sal-
zen. Das ganze eine Stunde kochen lassen. Da-
nach den Sud in einem Topf auffangen und das
Fleisch und die Kichererbsen beiseite stellen.
Nun den Knoblauch mit dem Pfeffer und dem
Paprikapulver in einem Mörser zerkleinern und
dann das Öl hinzufügen. Jetzt das restliche
Gemüse in dem aufgefangenen Sud mit der
Chorizo, dem Speck und der gemörserten Ge-

würzpaste 20 Minuten kochen lassen. Die Süss-
kartoffeln, die Kartoffeln sowie den Safran
dazu geben und weitere 30 Minuten kochen.
Dann das Fleisch und das Gemüse in einer
Schüssel anrichten und servieren. Dazu wird
Essig und Öl zum verfeinern gereicht.

Hokkaido

Gebackener Kürbis mit Camembert

Zutaten
für 4 Personen

1 großer Hokkaido Kürbis
400g Camembert
1 Bund Thymian
1 EL Ahornsirup
Öl
Pfeffer
Salz

Zubereitung

Als erstes den Backofen auf 200 Grad Ober-Unterhitze vorheizen. Dann den Kürbis waschen, halbieren und entkernen. Anschließend in mundgerechte Stücke schneiden. Nun mit Öl beträufeln und die Thymianblättchen darüber streuen und kräftig mit Salz und Pfeffer würzen.

Jetzt eine Auflaufform mit Backpapier auslegen. Die Kürbisstücke hineingeben und für 20 Minuten in den Ofen geben, bis sie weich sind. In der Zwischenzeit den Camembert in grobe Stücke schneiden und nach den 20 Minuten Garzeit über den Kürbis streuen. Etwas Ahornsirup darüber träufeln. Dann erneut für 5-10 Minuten in den Ofen schieben, bis der Käse zerlaufen ist, aber noch seine Form hat. Dann auf Tellern anrichten und Ciabatta oder Baguette dazu reichen.

Butternut

Gespickter Kürbis mit Bacon und Käse

Zutaten
für 4 Personen

1 Butternut-Kürbis
150g Cheddar-Käse
100g Bacon
2 TL Gemüsebrühe
3 EL Olivenöl
4 EL Parmesan
1/2 TL Salz
1 TL Pfeffer

Zubereitung
Als erstes den Backofen auf 200Grad Ober-Unterhitze vorheizen. Dann den Butternut schälen, halbieren und entkernen. Nun die Kürbishälften mit der Schnittfläche nach unten auflegen und links und rechts davon jeweils ei-

nen Holzlöffel oder ähnliches als Schnittgrenze ablegen. Jetzt mit einem scharfen Messer alle 1-1,5cm quer einschneiden. Die Holzlöffel dienen dazu, nicht den Kürbis ganz zu durchtrennen. Als nächstes die Schnittflächen, sowie die Oberseite des Kürbis mit Salz und Pfeffer würzen und mit Olivenöl einpinseln. Jetzt abwechselnd eine Scheibe Bacon und ein Scheibe Käse vorsichtig mit einem Messer in die Einschnitte schieben. Zum Schluß noch mit Parmesan bestreuen. Danach die Kürbishälften auf ein mit Backpapier belegtes Backblech legen und für 25 Minuten backen, bis der Kürbis weich ist.

Anschließend portionieren und auf Tellern anrichten. Dazu einen leichten Salat oder gebackene Kartoffelecken anbieten.

Butternut

Blätterteigrollen mit Kürbis – als Fingerfood

Zutaten
300g Kürbis
1 Rolle Blätterteig
2 Zwiebeln
1 Ei
150g Parmesan
200ml Gemüsefond
4 EL weißer Balsamico-Essig
2 EL Zucker
Öl

Zubereitung
Zuerst den Backofen auf 180Grad Ober/Unterhitze vorheizen. Danach den Kürbis schälen, halbieren, entkernen und in 1,5cm kleine Würfel schneiden. Diese dann mit den geschälten und fein gewürfelten Zwiebeln und dem Parmesan anbraten. Dann mit Essig, Zucker und

Gemüsefond würzen. Jetzt den Blätterteig halbieren, beide Teigstücke mit Kürbis belegen und über die Längsseite rollen, somit entstehen zwei Rollen. Anschließend die Rollen auf ein mit Backpapier belegtes Backblech legen, mit Eigelb bepinseln und für 20 Minuten backen.

Beilagen

Chestnut
Kürbisgemüse

(als Beilage zu Fisch oder Fleisch)

Zutaten
für 4 Personen

1kg Kürbis

2 Zwiebeln

1 Knoblauchzehe

200ml Gemüsebrühe

2 EL Mehl

2 EL Öl

1 Zweig Rosmarin

1 Prise Thymian

1 Prise Majoran

1 Prise Paprikapulver edelsüß

Pfeffer

Salz

Zubereitung

Zunächst die Zwiebeln und den Knoblauch schälen und grob hacken. Dann den Kürbis schälen, halbieren, entkernen und in mundgerechte Stücke schneiden. Danach die Zwiebel-und Knoblauchwürfel in heißem Öl andünsten und mit ein wenig Mehl bestäuben. Anschließend mit der Brühe aufgiessen und mit einem Schneebesen gut verrühren, damit es keine Klumpen gibt. Nun die Kürbiswürfel bei mittlerer Hitze 20 min bissfest garen. Danach 50ml Brühe entnehmen und in einer Schüssel mit dem restlichen Mehl glatt rühren. Jetzt dem Kürbisgericht hinzufügen, gut einrühren und so die Sosse andicken. Nun mit den Gewürzen abschmecken und nochmals aufkochen. Dann bei kleiner Hitze weitere 15 Minuten köcheln lassen, bis der Kürbis weich ist. Zwischendurch immer wieder umrühren.

Hokkaido

Kürbispüree

(als Beilage zu Fisch oder Fleisch)

Zutaten
für 4 Personen
1 kg Kürbis
1 EL Butter
Salz
Pfeffer

Zubereitung
Den Backofen auf 180 Grad Ober/Unterhitze
vorheizen. Dann den Kürbis waschen, halbieren,
entkernen und in Stücke schneiden. Nun den
Kürbis mit der Schnittfläche auf ein mit Backpapier belegtes Backblech legen und 30 Minuten backen, bis der Kürbis weich ist.
Als nächstes den Kürbis aus dem Ofen holen
und etwas abkühlen lassen. Nun mit einem
Löffel das Fruchtfleisch entnehmen und in eine

Schüssel geben, um es dann mit einem Stabmixer zu pürieren.
Jetzt noch einen Esslöffel Butter hinzufügen und mit Salz, Pfeffer und etwas Muskatnuss abschmecken.

Tip: Das Püree kann nach Belieben auch mit Chili, Knoblauch, Kokosmilch, Ingwer oder Kräutern verfeinert werden.

Hokkaido
Kürbis-Wedges

Zutaten
für 4 Personen
1 kleiner Hokkaido
1 EL Olivenöl
1 Knoblauchzehe
1 TL Paprika
1 TL Curry
1 TL Honig
1 Prise Chili

1 Prise Salz
1 Prise Pfeffer

Zubereitung

Den Kürbis waschen, vierteln und entkernen.
Nun den Kürbis in Spalten schneiden, damit die
Form der Wedges entsteht. Jetzt den Backofen
auf 200Grad Umluft vorheizen. Dann die
Knoblauchzehe schälen, pressen und zusammen
mit den Gewürzen, dem Honig und dem Olivenöl in eine Schüssel geben. Alles gut vermengen. Dann die Wedges auf einem mit Backpapier belegten Backblech verteilen und 15 Minuten backen. Zwischendurch probieren, denn
der Kürbis sollte nicht zu weich werden, son-
dern noch Biss haben.

Tip: Passt nicht nur zu Fisch oder Fleisch, auch
als vegetarische Hauptspeise mit einem Kräu-
terrahm Dip und einem leichten Blattsalat sind
die Wedges ausgesprochen köstlich!

Dessert

Muskatkürbis
Kürbis-Mousse

Zutaten
für 4 Personen

500g Kürbisfleisch
6 Eiweiß
2-3 Msp. Zimt
2 EL Honig

Zubereitung
Zunächst den Backofen auf 180g Ober/Unterhitze
vorheizen. Den Kürbis schälen, halbieren, entkernen und in kleine Stücke schneiden. Dann in einem
Topf mit ein wenig heißem Wasser weich kochen.
Währenddessen das Eiweiß mit einem Handquirl
steif schlagen. Nun den Honig zu dem weich ge-
kochten Kürbismus geben und mit einem Stabmixer
pürieren, mit Zimt abschmecken. Jetzt den Ei-
schnee unterheben und die Kürbismasse in feuerfeste Förmchen füllen. Dann die Förmchen mit
dem Kürbisdessert 15 Minuten im Ofen garen.

Hokkaido

Türkischer Kürbis-Dessert

Zutaten

für 4 Personen
1 Hokkaido
300g Zucker
Sesampaste (Tahini)
200g Walnüsse
40g Kürbiskerne

Zubereitung

Den Kürbis schälen, halbieren, entkernen und in
Spalten oder große Stücke schneiden. Dann den
Kürbis in einen Topf mit heißem Wasser geben, den Vanillezucker sowie den Zucker hinzufügen und 30 min kochen, bis der Kürbis
weich ist. Inzwischen die Kürbiskerne ohne Öl
in einer Pfanne anrösten und die Walnüsse grob
hacken. Dann den Kürbis abkühlen lassen und
auf einem Teller anrichten. Die Sesampaste
darüber träufeln und mit den Kürbiskernen
sowie den Walnussstücken garnieren.

Butternut

Kürbis-Cheesecake im Glas

Zutaten

für 4-5 Personen

1/2 Butternut-Kürbis

4 EL Rohrzucker

600g Frischkäse

50ml Kokosmilch

50g Spekulatius

1 Zimtstange

1 TL Zimt

30g Walnusskerne

200ml Wasser

2EL Puderzucker

Zubereitung

Den Kürbis schälen, halbieren, entkernen und in Stücke schneiden. Dann einen Topf mit Wasser füllen und die Kürbisstücke hineingeben, sowie den Rohrzucker und die Zimtstange. Alles 15 Minuten kochen lassen.

Wenn der Kürbis weich ist, das Wasser abgiessen und die Zimtstange entfernen. Danach den Kürbis mit einem Stabmixer fein pürieren. Nun den Spekulatius in einem Mörser zerkleinern, die Walnusskerne grob hacken und miteinander vermischen. In einer zweiten Schüssel verrührst du nun den Frischkäse, die Kokosmilch, Zimt und Puderzucker. Um es dekorativ zu servieren, kannst du nun den Kürbismus in ein Glas füllen, dann die Frischkäsemasse darüber schichten und mit den Walnüssen und dem Spekulatius bestreuen. Jetzt 1,5 Stunden kalt stellen.

Butternut
Kürbis-Crumble

Zutaten
für 6 Personen
500g Butternut
200g Weizenmehl
150g Butter
200g Zucker
1 TL Zimt
1 Prise Muskatnuss
1 Prise Salz

Zubereitung
Als erstes den Teig für die Streusel herstellen,
indem 100g Zucker, Salz und Mehl in einer
Schüssel mit Butter verknetet werden. Mit den
Händen die Butter gut einarbeiten und zu ei-
nem festen Teig kneten. Diesen dann für 15
Minuten in den Kühlschrank stellen.
Danach den Backofen auf 180 Grad Ober/Un-
terhitze vorheizen. Als nächstes den Kürbis
halbieren, schälen, entkernen und das Frucht-

fleisch 1cm groß würfeln. Anschließend die Würfel mit dem restlichen Zucker, dem Zimt sowie dem Muskatnuss vermischen und auf 6 feuerfeste Förmchen verteilen. Nun den Teig aus dem Kühlschrank holen und krümelig über die Förmchen bröseln. Jetzt den Kürbis-Crumble für 30 Minuten in den Ofen schieben, bis der Kürbis weich und die Crumble goldbraun sind.

Tip: Nach dem Abkuhlen lauwarm mit Vanilleeis und Sahne servieren!

Hokkaido
Kürbis-Tiramisu im Glas

Zutaten
für 4 Personen
150g Hokkaido
12 Löffelbiskuits
160ml Espresso
240g Mascarpone
120g Quark
100ml Orangensaft
1 TL Zimt
90g Zucker
Kakaopulver

Zubereitung
Zunächst den Espresso kochen und abkühlen lassen. Dann den Kürbis schälen, halbieren und entkernen. Danach das Fruchtfleisch in dünne Spalten schneiden. Nun den Kürbis mit 50ml Orangensaft 15 Minuten in einem geschlossenen Topf weich garen. Anschließend etwas abkühlen lassen, mit Zimt würzen und mit einem

Stabmixer pürieren. Nun den Mascarpone, den Quark und den Zucker mit dem Kürbispüree und dem restlichen Orangensaft gut verrühren. Jetzt den kalten Espresso in eine Schüssel schütten und die Löffelbiskuits kurz beidseitig im Espresso wenden. Als nächstes den Boden das Glases mit den Biskuits belegen. Eine Schicht Kürbiscreme hineingeben, dann wieder Löffelbiskuits und mit einer erneuten Schicht Creme abschließen. Danach den Tiramisu für 2-3 Stunden kühlen. Vor dem Verzehr mit Kakaopulver bestreuen und servieren.

Kürbisallerlei

Muskatkürbis

Kürbislikör

Dieses Rezept ergibt c. 1l Likör
Zubereitungszeit: 4 Wochen

Zutaten:

500 Kürbis
250g Zucker
500ml Wasser
1 Vanilleschote
3 Zimtstangen
500ml braunen Rum

Zubereitung

Den Kürbis schälen, in Stücke schneiden und im
Ofen 20 min bei 180 Grad backen. Aus dem
Ofen holen und mit einem Pürierstab zerklei-
nern. Dann das Wasser in einen Topf mit dem
Zucker aufkochen. Das Mark einer Vanillescho-
te, samt Schote, die Zimtstangen und den Kür-
bismus hinzufügen. 30 Minuten bei schwacher
Hitze köcheln lassen. Dabei stetig rühren, da-

mit nichts anbrennt. Nun die Masse durch ein feines Sieb streichen. Anschließend den Rum hinzufügen und in die vorbereitete sterilisierte Flasche abfüllen. Den Likör 4 Wochen an eine dunklen, kühlen Ort ziehen lassen.

Hast du Lust auf mehr Likör-Ideen?
Dann schau mal rein bei
Capt.Swings Geheimer Bibliothek:
Liköre - selbst gemacht
Dort findest du viele weitere Rezept-
ideen.

Hokkaido-Kürbis

Kürbismarmelade

Zutaten
für 4 Personen

1kg Hokkaido
500g Gelierzucker 2:1
1 Zimtstange
2 Gewürznelken

Zubereitung
Den Kürbis waschen, halbieren, entkernen und
in kleine Stücke schneiden. Nun ein klein wenig
Wasser in einen Topf füllen, damit der Kürbis
nicht anbrennt und ihn dann mitsamt der Nelken und der Zimtstange 15-20 Minuten kochen, bis er weich ist. Nun die Zimtstange und
die Nelken wieder entfernen. Dann den Kürbis
mit einem Pürierstab pürieren. Magst du deine
Marmelade lieber mit Stücken? Dann püriere
nicht so intensiv. Als nächstes den Topf wieder
auf den Herd stellen und den Gelierzucker hin-

zufügen. Lasse die Marmelade nun 5 Minuten unter ständigem Rühren kochen. Dann vom Herd nehmen und in sterile Marmeladengläser füllen, gut verschließen und abkühlen lassen. Die Marmelade ist mehrere Monate haltbar.

Butternut
Kürbisbrot

Zutaten
für ein Brot

350g Kürbisfleisch
500g Weizenmehl
1 EL Butter
125ml Milch
2 EL Zucker
1 TL Salz
25ml Wasser
30g Kürbiskerne
1 Päckchen Trockenhefe

Zubereitung

Den Kürbis schälen, halbieren, entkernen und in kleine Stücke schneiden. Dann in einem Topf mit ein wenig kochendem Wasser weich garen. Danach mit einem Pürierstab pürieren. Als nächstes die Milch und die Butter hinzufügen und verrühren. Nun den Zucker, das Salz, die Kürbiskerne und die Trockenhefe sowie das Mehl dazu geben und alles gut verkneten. Jetzt den Brotlaib in eine gefettete Kastenform füllen und 35 Minuten gehen lassen. Den Backofen auf 170 Grad vorheizen und das Kürbisbrot 40-50 Minuten backen.

Hokkaido

Kürbismuffins

Zutaten
für 12 Portionen

200g Kürbisfleisch
250g Mehl
150g Butter
60g Zucker
2 Eier
100ml Milch
4 EL Ahornsirup
3 TL Backpulver
3 TL Zimt
70g Schokotropfen

Zubereitung
Den Kürbis waschen, halbieren, entkernen und
in kleine Stücke schneiden. Diese jetzt in ein
wenig heißem Wasser kochen, bis sie weich
sind. Dann mit einem Pürierstab fein pürieren.
Bei Seite stellen und abkühlen lassen. Wenn das

Kürbismus abgekühlt ist, in eine Schüssel geben und die Milch, den Zucker, die Butter und das Ahornsirup dazu geben. Das Mehl mit dem Zimt und dem Backpulver vermengen und vorsichtig dem Kürbismus beimischen. Alles miteinander verrühren, bis ein geschmeidiger Teig entstanden ist. Nun die Schokotropfen unter den Teig heben. Danach den Teig in 12 Muffinförmchen füllen und bei 160 Grad Umluft 15-20 Minuten im Ofen backen.

Hokkaido
Kürbis-Chutney

Zutaten
für 2 Gläser

600g Hokkaido Kürbis
15g Ingwer
100g rote Zwiebeln
2 Stiele Thymian
125ml Weißwein-Essig

75g brauner Zucker
1/2 TL schwarze Pfefferkörner
1 Prise Chiliflocken
Salz
Pfeffer

Zubereitung

Den Kürbis waschen, halbieren, entkernen und in kleine Würfel schneiden. Dann den Ingwer und die Zwiebel schälen. Die Zwiebel in feine Spalten schneiden und den Ingwer fein würfeln. Danach den Thymian waschen und abzupfen. Nun die Kürbiswürfel in einen Topf geben und den Ingwer, Zucker, Zwiebeln, die Pfefferkörner, den Chili, Essig, Thymian, 1 TL Salz und 250ml Wasser hinzufügen. Das Ganze aufkochen. Aufpassen das es nicht anbrennt, immer wieder umrühren. Wenn der Kürbis weich ist und die Mischung etwas eingekocht ist, nochmals mit Salz und Pfeffer abschmecken. Dann noch heiß in sterile Gläser abfüllen und gut verschließen. Abkühlen lassen und im Kühlschrank aufbewahren.

Capt. Swings Geheime Bibliothek

So sorgsam gehütet wie das Bernsteinzimmer oder der Schatz der Nibelungen. Niemand wusste, ob sie eine Legende ist oder wirklich existiert.

Erfahre alles über ihre Entdeckung. Folge uns auf www.captswing.jimdofree.com

(f) captswings

(◉) captswings

(🐦) @CaptSwings

Altes Brot
Man kann alte Brotreste in Vorspeisen, Hauptgerichten, Beilagen sowie Desserts hervorragend weiter verwerten.

Paperback 110 Seiten 9,95 €
ISBN-13: 9783755700920

Das kleine Bruschetta-Buch
Es gibt unzählige Variationsmöglichkeiten, von einfach bis extravagant, von traditionell bis zu Gourmet-Crostinis.

Paperback 96 Seiten   9,95 €
ISBN-13: 9783755701279

Liköre - selbst gemacht
Selbst gemachter Likör ist immer ein wundervolles Geschenk aus der Küche, welches von Herzen kommt!

Paperback 88 Seiten 8,95 €
ISBN 9 783755 715504

Kosmetik - selbst gemacht
Es gibt viele gute Gründe, Kosmetik selbst zu machen.

Paperback 140 Seiten   9,95 €
ISBN 9 783755 716587

Das unmögliche Ausmalbuch
100 geometrische Figuren, die dich in
den Wahnsinn treiben

Paperback 110 Seiten 9,95 €
ISBN 9 783755 736875

**Die 50 besten
Streichholz Rätsel**
Gut gegen Langeweile

Paperback 78 Seiten 8,95 €
ISBN 9 783755 780618

**Yi Jing Das chinesische Weis-
heits- und Orakelbuch**
Über 3000 Jahre gesammeltes
Wissen.
Paperback 88 Seiten   9,95 €
ISBN 9 783755 716594

**Achtsamkeit
30 Methoden Dein Leben zu
verbessern**
Paperback 78 Seiten 8,95 €
ISBN 9783755761617

Märchen aus aller Welt
Band 1 Asien
20 außergewöhnliche Märchen von
Japan bis in die Türkei
Paperback 108 Seiten   9,95 €
ISBN 9 783755 748977

Latein für Alle
Wozu Latein? Nun, um sich wichtig
zu tun? Oder Wichtigtuer zu verste-
hen.
Paperback 70 Seiten   7,95 €
ISBN 9783755700265

Das LSD Tattoo
und andere urbane Legenden
die zu schön sind, um wahr zu
sein.

Paperback 72 Seiten   7,95 €
ISBN 9783755710998

Die kleine Natron und
Backpulver Fibel

Paperback 72 Seiten   8,50 €
ISBN 9783756218158

Capt. Swings
Geheime Bibliothek